Livre d'auto-thérapie pour les couples sur les relations qui ont besoin d'être améliorées

Améliorer la communication, l'amour, le plaisir et l'estime de soi pour les couples mariés ou non.
Par Brian Mahoney

Table des matières

Introduction

Chapitre 1 : Pourquoi les relations se gâtent-elles ?

Chapitre 2 Les bases de la communication : comment écouter et parler de manière authentique

Chapitre 3 Rétablir l'intimité émotionnelle

Chapitre 4 L'estime de soi Essentielle pour une Relations saines

Chapitre 5 Gérer les conflits de manière saine

Chapitre 6 Raviver le romantisme et le plaisir

Chapitre 7 Étapes de la guérison par le pardon et le respect de soi

Chapitre 8 Faire face ensemble au stress extérieur

Chapitre 9 Définir une vision et des objectifs communs

Chapitre 10 Comment maintenir le progrès et grandir ensemble

Conclusion

Ressources
Glossaire

Clause de non-responsabilité

Ce livre est conçu pour fournir des informations, des conseils et des outils aux couples qui envisagent le pardon dans le cadre de leur cheminement relationnel. Il n'est pas destiné à remplacer un conseil professionnel, une thérapie ou un avis médical. Les auteurs et les éditeurs ne sont pas des thérapeutes, des conseillers ou des professionnels de la santé agréés, et les stratégies décrites ici sont basées sur des recherches et des idées générales plutôt que sur un diagnostic ou un traitement individuel.

Les conseils, exercices et suggestions présentés dans ce livre doivent être utilisés à la discrétion du lecteur et sont destinés à soutenir, et non à remplacer, les conseils d'un professionnel. Les lecteurs sont encouragés à consulter un professionnel de la santé mentale ou un conseiller agréé s'ils éprouvent une détresse importante, un traumatisme ou des difficultés relationnelles complexes.

Les auteurs et les éditeurs n'assument aucune responsabilité pour les pertes ou les dommages subis par les lecteurs à la suite de l'application des informations contenues dans ce livre. Il incombe aux lecteurs de prendre des décisions adaptées à leur situation personnelle et à leurs besoins relationnels.

Introduction

Les relations. Elles sont le noyau de notre vie. C'est là que nous éprouvons de la joie, du réconfort et des difficultés, parfois. Que vous soyez en couple depuis des dizaines d'années, récemment engagé, ou dans le labyrinthe des hauts et des bas, vous savez sans doute que les relations ne sont jamais simples. Ce livre a pour but de vous aider à restaurer, retrouver et **revitaliser** votre relation grâce à une série d'outils pratiques et d'idées pour renforcer votre lien à tout prix.

Il y a des moments où tout va mal, et les couples passent par ces étapes. Avec toutes les façons dont la vie peut se mettre en travers du chemin - travail, obligations familiales, charges financières et obstacles personnels - les couches de stress qui compliquent votre partenariat peuvent être nombreuses. Il se peut que vous vous disputiez souvent, que vous vous sentiez déconnectés ou que vous vous demandiez où est passée la magie. Vous pouvez vous sentir bloqués et ne pas savoir comment aller de l'avant. Ces difficultés, qui peuvent se manifester à tous les niveaux de l'intimité, ne signifient pas nécessairement la fin de la relation, mais sont peut-être simplement le signe qu'une mise au point s'impose plutôt qu'une refonte complète.

Ce livre se veut un guide et un compagnon pour les couples qui ne sont pas satisfaits de leur relation mais qui sont encore relativement heureux ensemble. Il ne s'agit pas de sauver ce qui est irrémédiablement cassé. Il s'agit de retrouver l'amour, la joie et le respect de l'autre qui vous ont attirés l'un et l'autre au départ.
Il s'adresse aux couples, mariés ou non, qui souhaitent améliorer leur communication, rétablir une intimité émotionnelle et renforcer les fondements de leur couple.

Dans ces pages, chaque chapitre propose des exercices, des conseils pratiques et une ou deux réflexions sur un aspect différent des relations : la communication, l'estime de soi, la proximité émotionnelle, les conflits, etc. Les chapitres sont conçus pour aborder des aspects spécifiques de votre relation, tels que l'écoute ou la communication, afin de faire renaître l'amour et la joie. Nous allons également nous pencher sur la question de l'estime de soi, car une relation saine commence lorsque deux personnes se sentent dignes de respect et libres de toute honte.

Comme tout le reste de la vie, les relations nécessitent des soins, de l'entretien, de l'amour, de la patience et une ouverture à l'évolution. En suivant les conseils de ce livre, vous pourrez découvrir les secrets des partenariats florissants et la façon de surmonter les périodes difficiles, tout en augmentant l'intimité, même lorsque la vie semble l'avoir enterrée sous les nombreux défis qu'elle pose.

Que vous soyez arrivé ici à la suite d'une dispute entre vous deux, d'une prise de conscience que vous vous sentez déconnectés l'un de l'autre, ou simplement dans l'espoir d'un meilleur avenir ensemble, vous êtes déjà en train d'avancer dans la direction d'un meilleur avenir ensemble. Avec un bon état d'esprit et la volonté de donner une chance à de nouvelles idées, vous et votre partenaire pouvez passer de l'exaspération et de la déception à un amour plus fort, à une meilleure connexion et à l'épanouissement de la relation.

Entamons un nouveau voyage, pour une relation plus saine, plus heureuse et plus résistante.

Chapitre 1 : Pourquoi les relations se gâtent-elles ?

Il est temps d'en savoir plus sur les pièges les plus courants auxquels les couples sont confrontés. Les défis posés aux relations par une mauvaise communication, des attentes non satisfaites et des facteurs de stress dans différents domaines de la vie.

Il existe de nombreuses raisons pour lesquelles les relations amoureuses rencontrent des problèmes et le fait de les comprendre peut souvent constituer la première étape de leur résolution. Examinons quelques-unes des causes les plus importantes des problèmes relationnels :

Mauvaise communication :

Les interprétations erronées découlent souvent d'une communication inefficace, qui consiste à exprimer clairement ses émotions, à faire des suppositions ou à ne pas écouter attentivement. Cela nourrit le ressentiment et la frustration, provoquant toujours les mêmes disputes et l'absence de solutions.

Attentes non satisfaites

Les attentes non satisfaites peuvent semer le chaos dans une relation, tout comme le doute. Nous introduisons dans nos relations des notions préconçues fondées sur nos expériences antérieures, sur la façon dont nos parents ont agi dans leur vie ou sur la façon dont les couples sont représentés à la télévision. Attentes non satisfaites concernant les rôles financiers et d'intimité.

Voici d'autres problèmes entre partenaires qui conduisent à la déception et au ressentiment lorsque les partenaires ne se parlent pas :

Facteurs de stress personnels : Le stress personnel dû au travail, à la famille, aux problèmes de santé et aux questions financières peut affecter une relation. Lorsqu'elles sont stressées, les personnes ont tendance à être impatientes, à se mettre en colère et à ne plus avoir de force pour leur partenaire, ce qui crée des frictions et des malentendus.

Expression différente des émotions : Chacun a sa propre façon de communiquer ses sentiments, ses désirs et ses plaintes. Un couple qui communique directement et dont l'un des partenaires évite la discorde ou communique indirectement peut donner lieu à des malentendus ou à un sentiment de rejet.

Absence d'intimité émotionnelle : Travailler sur l'intimité émotionnelle est la clé de toute relation solide. Cependant, en raison des défis quotidiens, des horaires et de l'anxiété, les deux partenaires consacrent parfois peu de temps et d'efforts à la construction de cette intimité. Il est important de continuer à partager et à exprimer ses pensées, ses émotions et ce à quoi on est confronté, sinon l'un des partenaires risque de se sentir seul, abandonné.

Valeurs et objectifs différents : En tant qu'individus, nous avons des objectifs et des valeurs qui évoluent, et lorsque les partenaires s'éloignent l'un de l'autre sans communiquer, cela peut conduire à une déconnexion. Les désaccords sur les choix de vie, les ambitions professionnelles ou les priorités familiales peuvent être source de tensions s'ils ne sont pas abordés rapidement.

Insécurité et manque d'estime de soi : L'incertitude que votre partenaire vous quitte ou vous abandonne pour quelqu'un de "mieux" ainsi que les insécurités personnelles et le doute de soi peuvent déclencher de la jalousie et/ou de la possessivité. Ces insécurités non satisfaites peuvent conduire à des comportements et à des croyances de dépendance ou de toxicité, qui peuvent tous deux ajouter beaucoup de pression au partenariat.

Négliger de passer du temps de qualité ensemble : Dans les relations à long terme en particulier, les partenaires ont tendance à se sentir à l'aise, pensant que la relation n'a plus besoin du même niveau d'attention qu'auparavant. Le manque croissant de liens et d'affection peut user et briser les fondations de la relation.

Les problèmes non résolus ou les traumatismes du passé peuvent influencer la capacité à être ouvert et vulnérable dans une relation. Si vous ne réglez pas ces problèmes du passé, la blessure passée peut dicter ce qui se passe dans le présent et l'histoire se répète avec l'ancien modèle de comportement de lutte ou de retrait.

Influence extérieure : Les attentes de la famille, des amis ou de la société peuvent être stressantes pour la relation. Les couples peuvent se sentir obligés de se conformer à certains rôles ou à certaines étapes (comme le mariage ou les enfants) qui ne correspondent pas à leurs désirs personnels, ce qui crée des tensions inutiles.

Ne pas investir dans le bonheur : Grâce à ces investissements, les couples peuvent se rapprocher par le biais d'intérêts communs tout en créant de bons souvenirs qui sont un outil pour renforcer la relation du couple.

Pour comprendre et relever ces défis, il faut une communication ouverte, de la patience et la volonté d'évoluer ensemble. Les relations ont besoin d'une attention, d'une réflexion et d'un soin réguliers pour s'épanouir, en particulier lorsqu'elles sont confrontées à des périodes difficiles.

Considérez l'idée qu'une relation a des saisons - et que les périodes de difficultés peuvent être naturelles mais gérables.

La nature est cyclique, tout comme le sont les saisons des relations - des saisons distinctes avec des défis et des récompenses inhérents. Ces phases mettent en évidence les passages d'abondance, de sécurité, de transformation et même d'adversité auxquels tous les couples sont confrontés au cours d'une relation. Pour les couples qui essaient de naviguer entre les hauts et les bas, la compréhension de ce concept peut être un outil puissant.

Les saisons d'une relation

Le printemps : Le stade de l'enfance, de la découverte, de l'excitation, de la connexion. C'est une période de développement et d'attachement entre les partenaires. Le printemps est rempli de nouvelles expériences et de la fraîcheur de la découverte.

L'été : Chaleur et sécurité, la relation est stable et agréable. La confiance est plus grande, la communication plus intense et les partenaires sont généralement plus en phase l'un avec l'autre. Les couples apprécient le confort et la sécurité d'une compréhension et d'une appréciation mutuelles.

L'automne : L'automne est la période de l'année où il faut accepter le changement. À ce stade, certains défis peuvent commencer à apparaître lorsque les couples sont confrontés à des dissemblances, à un développement personnel ou à un changement d'orientation. Si l'automne peut apporter des chocs inattendus, il peut aussi aider les partenaires à se réaligner et à se réengager.

L'hiver : Une saison difficile au cours de laquelle le conflit peut sembler plus palpable, et la connexion peut être tendue. L'hiver peut être une période de solitude ou de difficultés, car les couples sont confrontés à des défis qui mettent à l'épreuve leur patience et leur persévérance. Cependant, cette étape peut également renforcer les forces et fournir une occasion de réflexion, de récupération et de développement.

Embrasser les saisons

Toute relation connaît des périodes difficiles ou des "hivers". Aussi inconfortables que ces périodes puissent être, elles ne signifient pas automatiquement que quelque chose ne va pas dans la relation elle-même. Elles signalent une période au cours de laquelle le couple peut avoir besoin de se réajuster, de communiquer plus profondément, de s'efforcer d'évoluer et de trouver d'autres moyens de se soutenir mutuellement. Sachant que les saisons difficiles ne durent pas éternellement, les couples peuvent traverser ces périodes avec gentillesse et grâce.

Comment gérer les saisons difficiles

La communication : Un dialogue honnête et ouvert est essentiel. En parlant ouvertement de ses sentiments et en écoutant activement, il est possible d'éviter les malentendus et de favoriser l'empathie plutôt que la colère.

S'adapter : Au fil des saisons, les gens changent. La relation peut être renforcée en donnant à chacun la possibilité de s'épanouir en tant qu'individu.

L'engagement : Les hivers mettent à l'épreuve l'engagement, et le fait de traverser ces saisons ensemble peut créer une confiance et une résilience qui soutiennent profondément la relation.

Demandez de l'aide : Il est normal d'avoir besoin de soutien pendant les saisons difficiles, que ce soit de la part de la famille, d'amis ou de professionnels.

Identifiez les saisons au fur et à mesure qu'elles se présentent et réalisez qu'elles font naturellement partie du processus relationnel. Traversez l'expérience ensemble en créant des liens et en acquérant la confiance nécessaire pour résister à l'hiver le plus froid. L'espoir naît lorsque nous comprenons qu'il y aura inévitablement un printemps.

Les défis ne sont pas là pour rester, ils sont là pour passer.

Chapitre 2
Les bases de la communication
Comment écouter et parler avec authenticité

Explorons les principes fondamentaux d'une communication de couple saine, à savoir l'écoute active, l'empathie et le dialogue constructif.

Ces principes fondamentaux peuvent aider à établir un lien et à communiquer avec compréhension. Ils peuvent aider chaque partenaire à progresser vers les étapes qui constituent la base d'une relation saine. Examinons de plus près les compétences vitales que sont l'écoute active, l'empathie et la discussion productive :

L'écoute active

Attention concentrée : Vous êtes attentif lorsque votre partenaire parle sans distraction ni interruption. Cela lui donne l'impression que ce qu'il dit a de l'importance pour vous. Cela signifie qu'il faut ranger ses appareils, établir un contact visuel et engager la conversation en fonction de ce qu'**il** dit.

Écoute réflexive : Renvoyez à votre partenaire ce qu'il a dit. Des phrases comme "Ce que j'entends est..." ou "Il me semble que..." peuvent indiquer que vous écoutez et que vous comprenez son point de vue.

N'interrompez pas :

Ne l'interrompez pas, même si vous pensez que vous devriez le faire. En donnant à votre partenaire le temps de terminer, vous lui témoignez du respect en l'écoutant et vous pouvez l'aider à démêler des sentiments et des idées difficiles.

Empathie

Essayez de vous mettre à la place de l'autre personne :

L'empathie consiste à se mettre à la place de son partenaire. Essayez de ne pas tout ramener à vous. Il faut un effort émotionnel pour se mettre à sa place et confirmer ses sentiments.

Apporter un soutien émotionnel :

Utilisez des mots ou des gestes qui aident à exprimer et à valider leurs sentiments. Des phrases telles que "Je peux comprendre pourquoi tu te sens comme ça" ou "Cela semble difficile" montrent non seulement que vous écoutez, mais aussi que vous partagez leur expérience.

Pas de jugement :

Essayez de ne pas tirer de conclusions rapides ou de donner des conseils **non sollicités**. L'empathie consiste à ne pas porter de jugement et à offrir à votre partenaire un espace où il se sent suffisamment en sécurité pour s'exprimer.

Dialogue constructif

Utiliser des phrases en "je" : pour ne pas donner l'impression de blâmer l'autre partie, décrivez vos sentiments à l'aide de phrases en "je". Ainsi, plutôt que de dire "Tu ne m'écoutes jamais", remplacez cette phrase par "Je ne me sens pas écouté quand..." Cela permet également de réduire les réactions défensives.

L'objectif est d'adopter une approche axée sur la recherche de solutions. Au lieu de rejeter la faute sur l'autre chaque fois qu'un conflit survient, essayez de trouver un terrain d'entente ou une solution qui respecte les désirs des deux partenaires. Essayez de trouver un terrain d'entente ou une solution qui respecte les désirs des deux partenaires.

Rester calme et courtois

Vous pouvez ne pas être d'accord avec l'autre partie, mais gardez un ton calme et évitez les mots incendiaires ou les injures. Cela permet d'établir une base de respect pour une communication ouverte et honnête.

Pratiquer ces compétences quotidiennement

Il faut du temps pour développer ces habitudes de communication, mais la constance dans l'écoute active, l'empathie et le dialogue constructif permet de créer une relation plus résistante. En faisant preuve de gentillesse et d'attention, vous pouvez établir une confiance qui facilitera des échanges sains, transparents et satisfaisants.

Exercices pour améliorer les capacités d'écoute :

Écouter en miroir

Instructions : Un partenaire partage une pensée, un sentiment ou une expérience pendant que l'autre l'écoute sans l'interrompre. L'auditeur répète ensuite ce qu'il a entendu avec ses propres mots.

Intention : Vérifier la compréhension, encourager l'empathie et renforcer l'écoute active.

Technique de l'orateur et de l'auditeur

Vous devez parler et écouter à tour de rôle. Le principe est le suivant : une personne parle pendant un certain temps (par exemple deux minutes) tandis que l'autre écoute, sans répondre. Cela se produit lorsque l'auditeur paraphrase ce qu'il a entendu une fois que l'orateur a fini de parler.

Intention : En se limitant à écouter et à ne pas répondre immédiatement, les partenaires ont moins de réactions défensives et se concentrent davantage sur les paroles de l'**autre**.

Pratique de l'empathie

L'auditeur nomme un sentiment que l'orateur a pu éprouver et le valide ("Je peux comprendre pourquoi vous avez pu ressentir cela").

Intention : chercher à comprendre avant de répondre ou de juger.

Jeu de questions et d'éclaircissements

Pour chacun des deux tours suivants, l'un des partenaires fait part d'une petite réflexion ou expérience (qui n'a pas besoin d'être énorme), et l'autre partenaire répond uniquement en posant des questions de clarification, plutôt qu'en faisant des déclarations. L'objectif de chaque question doit être de clarifier et de comprendre, et non de critiquer.

Objectif : Permettre à l'auditeur d'approfondir sa compréhension et de ne pas se contenter de conclusions et de réactions.

Éviter la communication défensive : Quelques stratégies

Pause en cas de désaccord

Mode d'emploi : si une discussion commence à s'intensifier, proposez une brève pause (5 à 10 minutes) pour permettre à chacun de se calmer. Profitez-en pour faire une pause, respirer profondément et envisager un plan d'action productif.

Pourquoi cela fonctionne-t-il ? Il empêche les explosions émotionnelles instinctives qui conduisent à une attitude défensive.

Apprendre à s'apaiser

Que faire ? Lorsque vous vous sentez sur la défensive, pensez à une technique d'apaisement. Il peut s'agir de respirer profondément, de compter jusqu'à dix ou de se dire que le partenaire n'essaie pas de vous blesser, mais de communiquer.

Effet : Le fait de se calmer peut nous empêcher de réagir par défaut en combattant ou en fuyant et nous permettre de surmonter un désaccord.

Se mettre d'accord sur un mot de passe

Comment procéder : Établir un mot désigné (ou une phrase telle que "nous devrions faire une pause") que l'un ou l'autre des partenaires peut invoquer lorsqu'il se sent sur la défensive ou qu'il a besoin d'un moment de répit. Les deux partenaires font une pause et réévaluent la situation lorsque le mot ou la phrase de sécurité est prononcé.

Effet : Prévient l'escalade en offrant un moyen immédiat de mettre fin à des échanges potentiellement défensifs et de se regrouper calmement.

En appliquant systématiquement ces compétences, les couples peuvent apprendre à écouter plus profondément, à parler avec plus d'empathie et à être moins sur la défensive, ce qui contribuera à une relation plus forte et plus saine.

Chapitre 3
Restauration
Intimité
émotionnelle

L'importance d'une connexion émotionnelle

Les liens affectifs sont au cœur d'une relation saine et durable. Il va au-delà de l'attirance physique ou des intérêts similaires. Il lie les couples l'un à l'autre de manière significative.

En l'absence d'un lien émotionnel solide établi sur la base d'une relation, la plupart des autres liens peuvent sembler plus transactionnels et superficiels. La relation a alors moins de chances de résister à l'épreuve du temps.

Le fondement de la confiance et de la sécurité

Grâce aux liens affectifs, les partenaires se sentent en sécurité et peuvent fonctionner l'un avec l'autre. Cette sécurité crée la confiance, qui est essentielle pour l'ouverture, l'honnêteté et la vulnérabilité. Le fait de savoir qu'un partenaire sera présent sur le plan émotionnel permet à chacun d'être soi-même sans craindre d'être jugé ou rejeté.

Améliore la communication

On ne peut parler ouvertement que dans le cadre d'une relation émotionnelle qui favorise la confiance. Cela permet aux gens d'exprimer leurs pensées, leurs aspirations et leurs craintes les plus profondes et de se sentir compris et appréciés par leur partenaire.

Les partenaires au niveau émotionnel ne se contentent pas d'écouter l'autre ; ils lui prêtent attention et se soucient de lui, ce qui les amène à se respecter et à s'apprécier mutuellement et les aide à devenir plus forts !

L'appel à la force dans l'épreuve

Toutes les relations ont leur lot de difficultés, mais celles qui s'appuient sur un lien affectif profond résistent mieux aux tempêtes qui peuvent survenir dans une relation. Lorsque des événements susceptibles de nuire à la relation surviennent - perte, stress, problèmes financiers ou personnels - les couples liés par un lien affectif ont le sentiment de pouvoir se soutenir mutuellement, d'être unis, d'être dans le même bateau.

Améliore la proximité et la satisfaction

L'intimité est cette étincelle qui peut entretenir la flamme de la relation et qui provient des connexions émotionnelles. Elle comble le fossé entre la proximité physique et la proximité émotionnelle, rendant les moments intimes plus significatifs. Lorsque les partenaires se sentent proches sur le plan émotionnel, ils sont plus susceptibles d'éprouver une profonde satisfaction et de la joie dans leur relation, ce qui renforce leur engagement l'un envers l'autre.

Favorise la croissance et l'estime de soi

Un lien affectif sain permet aux deux partenaires de se sentir appréciés et chéris, ce qui est essentiel pour que l'estime de soi devienne plus qu'un simple concept. Lorsque la validation individuelle des émotions est présente, les personnes sont motivées pour poursuivre ce qu'elles veulent et être la meilleure personne possible pour elles-mêmes et pour la relation.

De petits gestes tels que l'expression continue de la gratitude, la pratique de l'empathie et le fait de passer du temps de qualité ensemble contribuent à créer des liens affectifs. Lorsqu'il est cultivé, il devient une base solide sur laquelle se construisent des relations durables, permettant à l'amour de s'approfondir et de durer dans le temps.

Des outils pour les couples afin de se reconnecter émotionnellement et de raviver l'intimité émotionnelle.

Raviver l'intimité émotionnelle dans une relation est un processus continu qui nécessite un peu d'effort de la part des deux parties, ainsi qu'une communication ouverte permanente. Voici quelques outils et techniques que les couples peuvent utiliser pour se reconnecter émotionnellement :

Contrôles quotidiens

Planifiez des rencontres régulières : Trouvez un moment dans la journée qui vous convient à tous les deux pour reprendre contact. Cela peut être pendant le dîner, avant le coucher ou tout autre moment de calme qui convient aux deux partenaires.

Mettre en œuvre la structure :

Vous pouvez choisir de structurer vos contrôles en commençant par :

Comment s'est déroulée votre journée ? Racontez quelques moments forts et quelques défis.

Qu'est-ce qui vous a fait sentir aimé ou respecté aujourd'hui ? (Reconnaître les moments positifs)

Y a-t-il quelque chose que je puisse faire pour que vous vous sentiez mieux ? (Aborder toute demande de soutien)

Que pouvons-nous faire pour améliorer le lendemain ? (Planifier les améliorations)

Exprimer sa reconnaissance

Journaux de gratitude : Demandez à chaque partenaire de noter dans un journal les choses pour lesquelles il éprouve de la gratitude envers l'autre. Si vous êtes à court d'idées, vous pouvez utiliser ces journaux pour commencer votre vérification quotidienne.

Cartes de compliments : Écrivez des compliments et des appréciations spécifiques sur une pile de cartes. Les bonnes vibrations sont bien entretenues : à tour de rôle, tirez une carte et lisez-la à votre partenaire.

Affirmation quotidienne : Dites chaque jour quelque chose que vous aimez chez votre partenaire - quelque chose qu'il a fait ou une qualité que vous appréciez chez lui.

Partage émotionnel

La roue des sentiments organise 72 sentiments en une sorte de diagramme circulaire et les répartit en six groupes : triste, en colère, effrayé, joyeux, puissant et paisible. La roue peut être utile pour identifier les sentiments et les émotions spécifiques que vous ressentez à un moment donné, afin de les aborder et de les résoudre.

Utilisez une roue des sentiments - Cette astuce peut vous aider à exprimer vos émotions. Utilisez la roue pour identifier vos pensées et vos sentiments. Le fait de le faire ensemble peut apporter beaucoup de compréhension à la relation.

Exercices de vulnérabilité - Faites des exercices qui font appel à la vulnérabilité, comme partager une peur ou tout ce qui concerne le passé, comme un rêve d'enfant.

Du temps de qualité ensemble

Planifiez des soirées en amoureux : Réservez du temps pour vous amuser et nouer des liens en dehors de vos responsabilités quotidiennes. Partagez quelque chose de nouveau pour susciter l'enthousiasme.

Désintoxication numérique : Réservez du temps chaque semaine pour vous déconnecter de vos appareils et passer du temps ensemble sans distraction. Une promenade dans le parc, un dîner dans un restaurant tranquille.

Affection physique

Rituels de toucher simples : Tenez-vous la main lorsque vous marchez ou que vous vous asseyez ensemble. Faites-vous un petit câlin quand l'un de vous rentre à la maison ou quitte la maison. Faites des câlins ou asseyez-vous simplement l'un à côté de l'autre et touchez-vous. Faites-le de manière à renforcer la connexion.

Échange de massages : Se réserver du temps pour se masser mutuellement, en mettant l'accent sur la relaxation et l'intimité.

Bâtiment Vision

Planification de l'avenir : Parlez de l'avenir et planifiez-le. Rien que vous et votre partenaire (il peut s'agir de projets de voyage, d'objectifs financiers, d'objectifs familiaux). Une vision commune permet de s'unir et de se rapprocher.

Des actes de gentillesse surprenants

Surprenez votre partenaire - Laissez un petit mot, préparez votre plat préféré, faites la vaisselle ou la lessive - un petit signe qui dit que je pense à toi fera beaucoup de bien.

L'intégration de ces stratégies dans la vie de tous les jours peut aider à approfondir l'intimité émotionnelle des couples et favoriser une relation plus nourrissante. Revoir régulièrement ces pratiques et les adapter à l'évolution de votre relation peut conduire à une connexion durable et à une croissance de l'intimité émotionnelle.

Chapitre 4
Valeur personnelle Essentiel pour un Relations saines

En tant que couple, vous devez prendre soin non seulement de l'estime de soi de votre partenaire, mais aussi de la vôtre.

La valorisation mutuelle est une voie vers la santé d'une relation. Le partenariat fonctionne lorsque les deux partenaires connaissent leur valeur et apportent confiance, équilibre et maturité émotionnelle à la relation. Cette base offre aux couples la possibilité de parler, de partager leurs besoins et de se soutenir l'un l'autre sans jugement ni ressentiment.

La reconnaissance et le développement de l'estime de soi favorisent l'épanouissement personnel, ce qui peut avoir des effets bénéfiques sur la relation de couple. Voici quelques exemples de l'impact de l'estime de soi et de l'épanouissement personnel sur le couple :

Amélioration de la communication : Lorsque l'estime de soi est élevée, les gens sont plus enclins à communiquer ouvertement et efficacement. Ce dialogue ouvert permet de résoudre les conflits plus rapidement et de renforcer l'intimité émotionnelle.

L'importance du respect : Lorsque vous vous respectez vous-même, il est plus facile de respecter votre partenaire et que votre partenaire vous respecte. Lorsque chacun reconnaît sa propre valeur, il est mieux à même de respecter et d'apprécier l'individualité de son partenaire, ce qui favorise une relation saine et équilibrée.

Surmonter l'adversité : L'estime de soi donne aux personnes la capacité de faire face aux défis auxquels elles sont confrontées grâce à un meilleur état d'esprit. Lorsque les choses se compliquent, les partenaires qui ont une haute estime d'eux-mêmes peuvent faire face à ce qui se présente à eux en tant qu'unité, et non dans un état de panique. Il est alors beaucoup plus facile de résoudre les problèmes.

Une plus grande empathie : Au fur et à mesure que les individus grandissent et apprennent à mieux se connaître, ils développent souvent une meilleure compréhension des expériences des autres. Ce sens de l'empathie renforce le lien émotionnel entre les partenaires et les aide à traverser les phases difficiles de la vie.

Soutenir les intérêts en dehors de la relation : Une haute estime de soi peut stimuler la poursuite d'intérêts et de passions en dehors de la relation. Cela permet non seulement d'améliorer sa propre vie, mais aussi d'apporter quelque chose de nouveau à la relation. Cela contribue à maintenir la relation fraîche et intéressante.

Créer une atmosphère propice à la croissance : Si les deux partenaires s'efforcent de développer leur propre estime de soi et leur propre développement, ils créent un terrain fertile pour l'épanouissement de l'autre. Il s'agit alors d'un partenariat où les deux individus peuvent s'épanouir. Cette énergie peut renforcer la relation, car les deux parties se sentent appréciées et encouragées à bien faire.

Pratiques d'autoréflexion et d'autocompassion

Journal quotidien de la gratitude

Idée : Notez chaque jour trois éléments de votre personnalité dont vous êtes reconnaissant. Il peut s'agir de ce que vous faites le mieux, de ce que vous avez accompli ou de toute autre caractéristique que vous appréciez sincèrement chez vous.

Objectif : Cette activité vous encourage à reconnaître votre contribution et à passer de la recherche d'une validation externe à la valorisation de vous-même en premier lieu.

Pause auto-compassion

Lorsque vous ressentez un sentiment d'inadéquation et que vous cherchez une validation, arrêtez-vous et prenez une pause pour faire preuve d'autocompassion. Reconnaissez vos émotions, dites-vous qu'il est normal de se sentir ainsi et dites-vous ce que vous diriez à un ami qui se sentirait ainsi.

Pourquoi cette pratique est-elle efficace ?
Cela permet de vous apporter plus d'amour et de compassion, au lieu de vous juger. Après tout, lorsque vous faites des erreurs, rappelez-vous que vous ne savez pas ce que vous ne savez pas.

Exercice de clarification des valeurs

Commencez par écrire vos valeurs fondamentales, puis classez-les par ordre d'importance.

Demandez-vous ensuite comment ces valeurs forment votre identité et quelles décisions vous prendriez avec ou sans votre partenaire dans cet état d'esprit.

Objectif : En clarifiant leurs valeurs personnelles, les individus peuvent renforcer leur sentiment d'identité et réduire leur dépendance à l'égard d'un partenaire pour obtenir une validation.

Création d'affirmations

Écrivez des affirmations positives telles que "Je suis unique, avec mes talents et mes défauts", "Je mérite d'être bien traité". "Je suis unique". Dites-vous ces affirmations tous les jours. Ou achetez un livre audio d'affirmations et écoutez-les chaque fois que vous le pouvez.

Intention : Les affirmations positives peuvent détourner les discours négatifs sur soi et contribuer ainsi à renforcer l'image de soi.

Lettre de réflexion

Écrivez une lettre à vous-même comme si vous écriviez à un ami cher. Exprimez votre amour, votre soutien et votre compréhension, en abordant tout sentiment d'inadéquation ou de dépendance que vous pourriez éprouver.

Objectif : Cet exercice encourage l'acceptation de soi et la compassion, ce qui permet de recadrer avec élégance les pensées négatives.

Méditation de pleine conscience

Pratiquer la méditation de pleine conscience 5 à 10 minutes par jour, en se concentrant sur la respiration et en observant les pensées sans les critiquer.

Pourquoi : La pleine conscience augmente la prise de conscience et vous donne les compétences nécessaires pour reconnaître le désir de validation d'une source extérieure et vous en détacher.

Inventaire d'auto-validation

Dressez une liste de vos réalisations, de vos traits de caractère et des attributs que vous appréciez chez vous, sans tenir compte de ce que disent les autres. Revoyez cette liste régulièrement.

Pourquoi : C'est un excellent exercice pour vous rappeler que vous avez de la valeur en vous-même.

Réflexion sur la délimitation des frontières

Détails - Identifiez les aspects de votre relation où vous êtes trop dépendant de votre partenaire. Notez les limites exactes que vous pouvez créer pour favoriser l'indépendance.

Objectif - Le fait d'avoir des limites saines permet de réduire la codépendance et de favoriser l'autonomie.

S'écouter avec compassion

Dans cet exercice, prenez le temps d'écouter vos propres sentiments et besoins comme si vous écoutiez un ami. De quoi aurez-vous besoin pour vous soutenir et vous valider ?

Objectif - Cette pratique est conçue pour vous aider à mieux vous connaître et à ressentir et comprendre vos véritables émotions.

Création d'un tableau de bord personnel

Qu'est-ce que c'est ? Prenez des photos, des citations et d'autres éléments qui vous rappellent votre image du succès, de la réussite, de l'autodéfinition, etc. Placez-les dans un endroit où vous pourrez les voir tous les jours.

Pourquoi : Un tableau de bord vous aide à vous concentrer. C'est un excellent moyen de vous rappeler ce que vous attendez de la vie et de renforcer votre indépendance par rapport à la validation de votre partenaire.

Ces exercices peuvent aider les individus à cultiver un sentiment d'auto-compassion et d'auto-réflexion, en leur donnant la force de trouver la validation à l'intérieur d'eux-mêmes, plutôt que de compter uniquement sur leur partenaire. En favorisant la connaissance de soi et en renforçant les valeurs personnelles, les individus peuvent renforcer leur résilience émotionnelle (estime de soi), devenir moins dépendants et améliorer leurs relations.

Chapitre 5
Gestion des conflits d'une manière saine

Comment les couples peuvent-ils gérer les conflits ?
d'une manière saine

Résoudre les conflits de manière constructive, un Approche approfondie de la résolution constructive des conflits.

Écoute active :

Écoutez votre partenaire sans formuler de réponse pendant qu'il parle. Indiquez que vous êtes engagé (y compris par des signes verbaux et non verbaux [hochement de tête, contact visuel]).

Répétez ce qu'ils ont dit avec vos propres mots, ce qui confirme la compréhension et valide les émotions.

Restez calme :

Restez calme lorsque vous abordez un conflit. Respirez profondément ou faites une petite pause si les émotions sont très fortes.

Soyez respectueux et ne criez pas...
Cela permettra de réduire au minimum les réactions de défense. Essayez d'exprimer vos sentiments, sans donner l'impression de blâmer votre partenaire.

Identifier le problème :

Identifiez le véritable problème. Ne soulevez pas d'autres questions et soyez précis sur la cause du conflit. Reconnaissez ce que vous abordez tous les deux afin de maintenir la conversation sur la bonne voie.

Résolution collaborative de problèmes (CPS) :

Collaborer pour résoudre les problèmes au lieu de rivaliser pour obtenir la "bonne" réponse. Il s'agit notamment d'envisager des options et de faire preuve de souplesse. Prenez ensemble une décision sur les avantages et les inconvénients des solutions.

Fixer des limites :

Établissez des règles de base sur ce qui peut être discuté et quand, y compris l'interdiction des injures et des griefs passés.

Décidez combien de temps vous allez parler de cette question et quand vous y reviendrez si nécessaire.

Reconnaître les schémas néfastes

Certains comportements peuvent être toxiques pour une communication saine et les conflits. La première étape pour y remédier est de reconnaître ces schémas.

Le blocage :

C'est alors que l'un des partenaires s'effondre, se ferme ou se désengage de la conversation.

Par exemple, donner des réponses en un seul mot, ignorer le contact visuel, quitter la pièce, sont autant de signes.

Vous voulez donc contourner ce problème en faisant en sorte que les deux partenaires se sentent en sécurité pour s'exprimer.

Critique :

La critique consiste à attaquer le caractère de votre partenaire au lieu de s'attaquer au comportement qui est à l'origine du problème.

Tu n'écoutes jamais, tu fais toujours tout foirer, etc...

Combattez cela en parlant de votre propre expérience, plutôt que de manière générale et accusatrice.

La défensive :

Lorsqu'un partenaire se sent attaqué, il répond souvent par des contre-plaintes ou des justifications : cela conduit à un dialogue dysfonctionnel.

Soyez donc attentif à ce qui se passe lorsque la conversation passe d'une discussion sur un problème à un exercice de dénonciation ; méfiez-vous de l'attitude défensive. Sinon, entraînez-vous à accepter la responsabilité (même si ce n'est que partiellement) du rôle que vous avez joué dans le conflit.

L'outrage :

Qui consiste en des remarques ou des actions méprisantes, généralement accompagnées de sarcasmes, de moqueries ou de gestes.

Le mépris est désagréable et peut même conduire à l'effondrement des relations. N'exprimez aucune forme de mépris, mais efforcez-vous de parler civilement, même si vous n'êtes pas d'accord.

Un couple peut gérer efficacement les conflits en utilisant des techniques constructives de résolution des conflits et en étant conscient des schémas toxiques. L'établissement d'une base solide de confiance, de respect et de communication ouverte est essentiel au maintien d'une relation saine, conduisant finalement à une compréhension et à une connexion plus profondes.

Stratégies de résolution des conflits pour gérer les désaccords sans briser la confiance ou le respect.

Lorsque des disputes surviennent, comme c'est inévitablement le cas, la résolution des conflits est nécessaire non seulement pour la santé de la relation, mais aussi pour le bien-être des deux personnes concernées. Voici quelques stratégies qui aident les couples à dépasser les disputes tout en préservant la confiance et le respect :

Écoute coopérative - chaque partenaire doit écouter activement lors des discussions. Cela implique d'écouter activement, de valider les émotions de l'interlocuteur et de paraphraser ce qu'il a dit pour montrer que l'on comprend. Cela montre également que l'on apprécie le point de vue de l'autre.

N'en faites pas une affaire personnelle :

Pour éviter de se laisser emporter, la personne offensée doit avoir la courtoisie de rester concentrée sur le problème et de ne pas attaquer l'autre partie. Cela peut contribuer à réduire le ressentiment et à faciliter la résolution des problèmes.

Empathie et validation :

Essayez de valider les sentiments de l'autre. De cette manière, les deux partenaires se sentent validés et s'acceptent mieux l'un l'autre, même s'ils ont des opinions différentes.

Partager le bac à sable :

Plutôt que de chercher à gagner la bataille, traitez la situation comme si vous faisiez partie de la même équipe. Cherchez ensemble des solutions et soyez prêts à faire des compromis qui satisfont les besoins des deux partenaires.

Lâcher prise et pardon :

Une fois le conflit résolu, efforcez-vous de pardonner et de laisser tomber. Lâcher prise : S'accrocher à de vieilles rancœurs peut détruire la confiance et le respect. Restez concentré sur le présent et l'avenir.

Demandez l'aide d'un professionnel :

Si les conflits sont nombreux ou si la situation est particulièrement dangereuse, demandez l'aide d'un thérapeute de couple ou d'un conseiller. Ils peuvent vous fournir les outils et les techniques adaptés à la dynamique de votre relation.

Si elles sont bien pratiquées, ces techniques peuvent vous aider à régler les différends, à renforcer votre relation et à continuer à vous faire confiance et à vous respecter l'un l'autre.

Chapitre 6
Raviver
Romance et
plaisir

Ramener le plaisir et l'excitation pour rallumer l'étincelle et la flamme

Voici quelques idées pour réintroduire l'amusement, le jeu et la spontanéité dans la vie de couple :

Les rendez-vous surprise : Organisez à tour de rôle des rendez-vous surprise l'un pour l'autre, en gardant le mystère sur l'endroit où vous irez et sur ce que vous ferez jusqu'à la dernière minute. Cela peut générer de l'excitation et vous permettre de créer de nouveaux souvenirs ensemble.

Compétition ludique : Organisez quelques défis ou jeux ludiques que vous faites en commun, comme cuisiner un dîner avec un seul ingrédient, une bataille de danse dans le salon ou une partie de Monopoly.

Surprises aléatoires : Laissez des petits messages ou des cadeaux l'un pour l'autre dans des endroits où vous ne vous attendez pas à ce qu'ils les trouvent, dans un sac de déjeuner, sur un siège de voiture - pour égayer leur journée.

Journées d'aventure : Passez une journée à explorer une nouvelle région ou à faire quelque chose qui sort de votre zone de confort ensemble, comme une randonnée sur un nouveau sentier, la visite d'un musée voisin ou un atelier.

Nuits de la nostalgie : Revivez vos rendez-vous préférés ou les choses que vous avez faites ensemble lors de votre première rencontre. Vous pouvez par exemple regarder un vieux film ou préparer une recette de votre premier rendez-vous.

Escapades rapides : Bousculez le cours normal du "quotidien". Si vous le pouvez, organisez une escapade d'un court week-end dans un cadre local, faites votre valise et partez !

Des choses créatives à faire : Réalisez un projet amusant ensemble, par exemple peindre une pièce, planter un jardin ou construire quelque chose que vous aimez tous les deux. Cela favorise l'esprit d'équipe et la créativité.

Dîners à thème : Organisez des dîners à thème en préparant des repas issus de différentes cultures ou époques et en vous habillant en conséquence.

Choisissez des compliments : Créez un bocal avec des compliments ou des souvenirs positifs l'un sur l'autre. Chaque semaine, tirez-en un du bocal et partagez-le.

La communication de drague : Des surnoms amusants, des textos de drague tout au long de la journée et des messages doux ou romantiques sont autant d'éléments amusants à ajouter pour garder les choses enjouées.

L'intégration de ces éléments peut contribuer à raviver l'étincelle dans une relation, la rendant plus joyeuse et plus épanouissante !

Quelques idées supplémentaires

Les soirées en amoureux, les petits gestes romantiques et les activités amusantes pour aider les couples à retrouver l'amour entrent tous dans cette catégorie, voici donc quelques idées que vous pouvez partager :

Allez au cinéma ensemble. Allez voir la dernière superproduction ou le dernier thriller. Cela vous donnera une raison de parler après le film.

Suivez un cours de cuisine ensemble et apprenez de nouvelles techniques culinaires pour savourer le fruit de votre travail.

Jouez à des jeux de société ou à des jeux vidéo que vous aimez tous les deux. Faites preuve de créativité en attribuant des prix au gagnant.

Liste de lecture commune : Créez une liste de chansons qui représentent votre relation et écoutez-la ensemble.

Gâteries aléatoires : Prenez un en-cas ou un dessert préféré lorsque vous faites vos courses. Juste parce que.

Activités ludiques

Maison et artisanat : Trouvez un projet d'amélioration de la maison ou un produit artisanal sur lequel vous souhaitez travailler ensemble.

Participez à des événements locaux : Recherchez des concerts, des foires ou des marchés de producteurs dans les environs et partez à l'aventure ensemble.

Soirée Trivia : Trouvez une soirée trivia dans un bar ou un restaurant proche et défiez d'autres couples en équipe.

Le club de lecture à deux : choisissez un livre que vous lirez tous les deux et discutez-en (points bonus si vous prenez un café ou dînez à la maison, comme indiqué précédemment).

Touriste dans votre propre ville : Devenez guide touristique dans votre propre ville. Visitez un musée, un jardin botanique ou un site patrimonial que vous n'avez jamais visité.

Partager vos idées

Blog ou médias sociaux : Rédigez un article de blog ou partagez sur les médias sociaux vos idées de sorties.

Ateliers pour les couples : Envisagez d'accueillir ou de participer à des ateliers visant à améliorer les relations amoureuses.

Contenu créatif : Réalisez des vidéos ou des podcasts qui développent ces idées, y compris des témoignages ou des interviews de couples.

Journal du partenaire : Tenir un journal ensemble pour noter les idées, les expériences et les réflexions de chacun.

Allez dans un parc à thème. Profitez de l'excitation des montagnes russes, ou promenez-vous simplement dans le parc ou profitez des complexes hôteliers du parc.

En présentant ces idées d'une manière réaliste et attrayante, vous pouvez inciter l'autre à donner la priorité à la relation et à favoriser une connexion plus profonde.

Chapitre 7
Les étapes de la guérison avec le pardon et Respect de soi

Identifier la blessure

La première étape consiste à s'autoriser à ressentir la douleur. Prenez un moment pour ressentir la douleur (tristesse, colère, trahison, etc.) causée par un ou plusieurs actes particuliers. Prenez votre temps, la validation de vos sentiments fait partie du processus de guérison ! Creusez plus profondément et identifiez les émotions brutes sous-jacentes ; votre colère est-elle due à une autre émotion, comme le sentiment de ne pas être apprécié, de ne pas être respecté ou même d'être abandonné ?

Reconnaître l'impact

Ensuite, réfléchissez à l'impact de cette blessure sur votre vie. Remarquez si votre humeur, votre confiance ou même votre état de santé général change. Remarquez-vous des tendances dans vos relations avec les gens ? Peut-être êtes-vous plus prudent à présent, ou la douleur que vous avez ressentie a-t-elle dressé des barrières entre vous et les personnes que vous aimez le plus. En prenant conscience de ces effets, vous comprendrez pourquoi ce processus vaut la peine d'être vécu.

Développer l'empathie et la prise de recul

Cette étape ne consiste pas tant à pardonner à l'autre personne qu'à laisser votre chagrin avoir un peu moins de pouvoir sur vous. Essayez de dissocier l'intention de l'autre personne de la façon dont son action a été perçue par vous.

Les gens se blessent parfois par accident et dès que **nous faisons cette distinction,** nous pouvons nous libérer. Pensez à des moments de votre vie où vous avez pu blesser quelqu'un par inadvertance et voyez si cela vous permet d'éprouver de l'empathie pour votre expérience. Gardez à l'esprit que la pratique de l'empathie est un moyen de vous libérer des chaînes du ressentiment.

Attentes en matière de libération

Pardonner à quelqu'un, c'est se libérer, ce n'est pas attendre qu'il s'excuse. Il peut être utile de rédiger une déclaration de libération personnelle à laquelle vous pourrez vous référer dans les moments difficiles. Il peut s'agir de quelque chose d'aussi simple que : "Je laisse aller cette douleur pour ma propre tranquillité".
Répétez cette opération aussi souvent que nécessaire.

Expérimenter des exercices pour pratiquer le pardon

Voyons maintenant quelques outils pratiques pour vous aider à vous libérer. Commencez par tenir un journal, mettez sur papier ce que vous ressentez à propos de ce qui s'est passé et de l'impact que cela a eu sur vous. Vous pouvez également écrire à la personne qui vous a blessé. **<u>Vous n'</u>êtes <u>PAS</u>** obligé de l'envoyer - c'est seulement pour vous. Écrivez chaque émotion, que ce soit un havre de paix pour toutes vos pensées.

Vous pourriez également trouver bénéfique d'essayer une méditation guidée ou une visualisation. Pensez à la douleur que vous portez comme à un fardeau, quelque chose de très lourd. Imaginez ensuite que vous vous débarrassez de ce poids et que vous sentez votre corps s'alléger tandis que votre esprit commence à s'éclaircir. Ces exercices simples peuvent parfois suffire à changer le cours de votre voyage.

Créer un nouveau récit

Quoi qu'il vous soit arrivé, vous n'êtes pas une victime, vous êtes une survivante, vous êtes plus forte grâce à cela. Commencez à écrire une nouvelle histoire dans laquelle vous êtes puissant. Vous devenez une personne qui a appris, grandi et persévéré, plutôt qu'une victime de la douleur. Vous commencez maintenant à traiter votre douleur et à la transformer en pouvoir.

Se libérer et aller de l'avant

Le fait d'être une personne qui pardonne ne signifie pas que l'on donne à quelqu'un un laissez-passer pour vous blesser à nouveau. Si la personne qui vous a fait du mal est encore dans votre vie, réfléchissez aux limites que vous devez établir pour vous sentir en sécurité. Il s'agit d'un processus, pas d'une destination, et il est tout à fait acceptable de faire un pas à la fois. Les gens ne peuvent pas aller plus loin que ce que vous leur permettez. Il se peut que vous deviez "élever vos standards".

Vous pouvez pardonner même si l'autre personne n'est pas prête à changer

Enfin, sachez que le pardon est possible même si la personne qui vous a blessé n'a pas changé - ou ne veut pas changer. Cela ne signifie PAS que vous excusez ce qu'elle a fait ; vous avez simplement pris la décision d'être en paix. Réalisez qu'elle ne changera peut-être jamais, et ne vous inquiétez pas ou n'ayez pas peur. Vivez votre vie et adoptez des valeurs qui vous correspondent. De temps en temps, cela signifie s'éloigner de la personne qui continue à vous faire du mal. Le pardon signifie que vous allez de l'avant sans chercher d'excuses à son comportement.

Reconnaître que le pardon ne suffit pas

Le pardon est un cadeau que vous vous faites à vous-même, mais il ne doit en aucun cas être confondu avec une faiblesse. Si votre partenaire ou la personne qui vous est chère répète sans cesse les mêmes actes préjudiciables et commence à considérer votre pardon comme un feu vert pour continuer à agir sans conséquences, il se peut que votre relation ait besoin d'être réévaluée.

Vous pouvez pardonner à quelqu'un sans être obligé de le ou la garder dans votre vie. Toutes les personnes ne sont pas censées faire partie de votre vie et parfois, la meilleure chose à faire est de s'éloigner ou de laisser partir la personne, et de vous placer au-dessus de tout. Mettre fin à une relation peut être douloureux, mais s'éloigner d'un mal répété est une preuve de force et d'engagement envers soi-même.

Chapitre 8
Traiter avec l'extérieur
Le stress ensemble

Les pressions extérieures telles que le travail, la famille et le stress financier peuvent mettre à rude épreuve les relations. Les couples qui souhaitent avoir une relation solide et durable devraient faire attention à certains de ces défis courants qui peuvent mettre leur relation à rude épreuve.

Travail

Contraintes de temps : Les couples qui travaillent passent souvent de longues heures au bureau, ont des horaires chargés et voyagent de temps à autre, ce qui peut les éloigner pendant de longues périodes et donner à l'un des partenaires le sentiment d'être négligé.

Stress et épuisement professionnel : Le stress lié à l'emploi se répercute facilement sur la vie quotidienne et si une personne travaille de longues heures, elle risque d'être plus irritable ou émotionnellement épuisée et de ne pas être en mesure d'établir des liens avec son partenaire.

Aspirations professionnelles : Si l'un des partenaires souhaite travailler à temps plein ou voyager à travers le pays pour se consacrer à sa carrière, tandis que l'autre doit élever les enfants, cela peut créer beaucoup de stress dans la relation.

Famille

Les relations avec la belle-famille peuvent être difficiles. De nombreuses frictions ou des attentes différentes peuvent créer des tensions entre les couples.

Styles parentaux : Si un couple a des styles d'éducation différents, il risque d'entrer en conflit. Cela finira par provoquer des désaccords et du ressentiment entre eux.

Responsabilités de la famille élargie : Au lieu de se nourrir l'un l'autre, les parents vieillissants ou les frères et sœurs peuvent peser sur la relation, en prenant du temps et de l'énergie au couple.

Les malheurs de l'argent :

Stress financier : Les difficultés financières telles que l'endettement, l'établissement d'un budget ou la perte d'un emploi peuvent être à l'origine de tensions et de disputes et créer des obstacles à la communication.

Des idées différentes sur les dépenses : Lorsqu'un partenaire aime dépenser de l'argent et que l'autre préfère l'économiser. Cette différence peut entraîner des disputes et des frustrations.

Objectifs financiers : Les différences d'objectifs financiers - comme la priorité accordée à l'achat d'une maison ou à l'achat d'expériences - peuvent être à l'origine de conflits.

Autres facteurs externes

Vie sociale : Les amis, les réceptions de la famille et les autres réunions sociales mettent parfois les couples sous pression, ce qui entraîne un sentiment d'accablement.

Problèmes de santé : Les problèmes de santé physique ou mentale peuvent mettre à mal une relation, car l'un des partenaires peut devoir assumer des responsabilités supplémentaires ou éprouver des difficultés à répondre aux besoins émotionnels de l'autre.

Les changements de vie peuvent également être source de stress dans les couples. Un déménagement, un changement d'emploi ou l'arrivée d'un enfant peuvent affecter l'équilibre délicat d'une relation.

Stratégies pour faire face aux défis du stress externe

Une communication ouverte : Le fait de parler fréquemment de ses émotions, de ses appréhensions et de ses désirs peut permettre aux deux partenaires de rester sur la même longueur d'onde et les aider à trouver des idées similaires pour résoudre les problèmes.

Du temps de qualité ensemble : Donner la priorité à votre union et au temps passé ensemble peut renforcer les liens du couple. Même de petites doses de temps de qualité peuvent aider les partenaires à se reconnecter.

Planification financière - Élaborer ensemble un plan financier peut aider les couples à rester sur la même longueur d'onde et à apaiser les tensions liées à l'argent.

Fixez des limites : Réservez du temps à la famille ou imposez des limites de temps au travail afin de préserver l'équilibre de la vie dans la relation.

Demandez de l'aide : Si les pressions extérieures deviennent écrasantes, les couples peuvent bénéficier d'une thérapie ou d'un conseil pour aborder des questions plus profondes et améliorer leurs compétences en matière de communication.

En étant capables de reconnaître et de traiter les facteurs externes qui peuvent mettre leur relation à rude épreuve, les couples peuvent travailler ensemble à la création d'un environnement favorable qui nourrit leurs liens.

Comment se soutenir mutuellement dans les situations de stress

Apprendre à reconnaître les déclencheurs de stress

En tant que couple, apprenez à identifier les signes qui déclenchent le stress chez l'autre. Certains mots utilisés, l'irritabilité, le repli sur soi, etc. Découvrez ce qui en est à l'origine.

Revenez en arrière sur le moment, et laissez les esprits s'apaiser à un autre moment. Essayez d'abord la question dans un délai d'un jour ou deux, tant que l'événement et les émotions sont encore frais. Discutez de la question de savoir si vous avez besoin de plus de temps pour faire le point ou si vous êtes prêt à parler.

Créer un environnement de soutien

Conseils pour les couples : L'écoute active. L'une des choses que les couples peuvent faire pour éviter les malentendus dans leur relation est d'apprendre à écouter.
Écouter pleinement, accorder toute son attention, acquiescer et ne pas interrompre.

Validation : Les partenaires devraient dire des choses comme "C'est logique que tu te sentes comme ça". Faire des déclarations telles que "Je peux comprendre pourquoi tu te sens comme ça". Cela montre que vous respectez les sentiments de votre partenaire et contribue à valider ses expériences, ce qui lui permet de se sentir plus en sécurité lorsqu'il partage la vérité avec vous.

Le toucher physique a du pouvoir (une étreinte, se tenir la main). C'est un moyen simple mais efficace de montrer du réconfort et de l'amour.

Garde-fous émotionnels

Fixer des limites personnelles : Chaque partenaire doit discuter de ses besoins en termes d'espace physique, de temps et d'énergie émotionnelle pendant les périodes de stress.

Respectez la manière dont ces limites doivent être respectées : Il est également important d'avoir des discussions de suivi sur ces limites, car elles peuvent changer avec le temps.

Créez des mots de sécurité : Envisagez un mot ou un signal de sécurité que l'un ou l'autre peut utiliser lorsqu'il veut se retirer d'une conversation ou d'une situation.

Une communication efficace

Utiliser des phrases en " je " (exemple : " Je me sens dépassé quand... ") pour assumer ses sentiments sans blâmer l'autre.

Soyez direct : allez droit au but et évitez tout jargon inutile ou langage complexe. Expliquez clairement ce que vous attendez de votre partenaire. (par exemple, "J'aimerais que tu m'aides à préparer le dîner ce soir" au lieu de "Tu ne m'aides jamais à préparer le dîner").

Le bon moment - Essayez d'avoir ces conversations lorsque les choses sont relativement calmes et non pendant un moment de stress intense.

Encouragez le retour d'information et soyez ouvert aux critiques constructives.

Pratique de l'empathie et du compromis

Prise de perspective : Les exercices "Si j'étais toi" amènent les couples à changer de perspective, à se mettre à la place de l'autre et à parler de ce qu'ils ressentiraient s'ils étaient dans la même situation.

Stratégies de compromis : Le jeu de survie de l'île de Gottman

Ce jeu simule une situation de survie dans laquelle les couples doivent choisir les éléments les plus importants pour eux parmi une liste de 20. Chaque partenaire classe ses choix, puis travaille ensemble à la création d'une liste commune de 10 éléments. Cet exercice aide les couples à hiérarchiser leurs besoins et à trouver un terrain d'entente.

Contrôles réguliers

Organisez des entretiens : Organisez des rencontres régulières au cours desquelles les partenaires discutent de leurs facteurs de stress, de leurs besoins et de la façon dont ils se sentent soutenus.

Ressources et outils

Livres

La communication non violente : Un langage de vie
par Marshall B. Rosenberg

Il met l'accent sur la communication empathique et la résolution des conflits sans blâme ni critique. C'est un excellent outil pour tous ceux qui cherchent à créer des dialogues plus compatissants et plus compréhensifs dans leurs relations.

Les sept principes pour un mariage réussi
par John Gottman

Ce classique se penche sur les principes fondés sur la recherche qui renforcent les relations. Il couvre tous les sujets, de la résolution des conflits au développement de l'amitié et de l'intimité avec votre partenaire.

Attaché : La nouvelle science de l'attachement chez l'adulte et comment elle peut vous aider à trouver et à garder l'amour.
par Amir Levine et Rachel Heller

Examine l'impact des styles d'attachement sur les relations et offre des conseils pratiques pour mieux se comprendre et comprendre son partenaire.

Tenez-moi bien : Sept conversations pour une vie d'amour
par Dr. Sue Johnson

Elle utilise une thérapie centrée sur les émotions pour guider les couples à travers des conversations essentielles afin de renforcer leurs liens et leur connexion émotionnelle.

Conversations cruciales : Des outils pour parler quand les enjeux sont importants
par Kerry Patterson, Joseph Grenny, Ron McMillan et Al Switzler

Ce livre fournit des outils permettant d'aborder les conversations à fort enjeu avec confiance et clarté, ce qui est utile dans les relations personnelles et professionnelles.

Il peut être judicieux que chaque partenaire choisisse un livre à lire à deux.

Parfois, ce n'est pas ce qui est dit, mais qui l'a dit. Si vous avez l'avantage de lire les mêmes livres sur les relations amoureuses, chaque partenaire peut se rendre compte que les conseils donnés ne sont probablement pas biaisés parce qu'ils proviennent d'une source impartiale.

En recevant ces outils et ces stratégies, les couples acquièrent les connaissances nécessaires pour créer un partenariat plus fort. Engagez-vous l'un envers l'autre en pratiquant régulièrement et créez un espace où chaque partenaire peut se sentir écouté et valorisé, même en cas de stress.

Chapitre 9
Définir une vision et des objectifs communs

C'est à ce moment-là que vous ne vous contentez pas de planifier, mais que vous renforcez les bases d'un accord, d'un engagement et d'un enthousiasme à l'égard de l'avenir, en établissant des objectifs et une vision communs. Ce chapitre vous permet de comprendre exactement ce que chacun d'entre vous veut et d'aligner vos rêves idylliques respectifs ainsi que vos forces pour créer un chemin commun à suivre ensemble.

L'importance des objectifs communs

Considérez votre relation comme un voyage dont vous êtes tous les deux les acteurs et dont la destination finale ne peut être atteinte qu'ensemble. Votre relation a besoin d'une direction et d'un but, et des objectifs communs aident à définir cette destination. Sans eux, les partenaires risquent de s'éloigner l'un de l'autre, poursuivant leurs propres passions et rêves sans se rendre compte qu'ils prennent des directions différentes. En revanche, lorsque vous partagez les mêmes objectifs, vous avancez constamment en équipe, affrontant les défis de la vie avec un objectif commun.

Le fait d'avoir des objectifs ensemble vous rapprochera également. Se fixer des objectifs en tant que couple signifie que vous vous soutenez l'un l'autre, en toutes circonstances. C'est un moyen efficace de se dire l'un à l'autre : "Je me soucie de nous et de notre avenir".

Comment les couples peuvent créer leur vision

Avant d'aborder vos objectifs individuels ou spécifiques, commencez toujours par une vision - une idée de ce à quoi vous voudriez que votre vie ressemble ensemble. Prenez donc le temps de rêver ensemble. Imaginez-vous dans 20, 30 ou même 50 ans en train de repenser à votre vie de couple. Quel genre de souvenirs voulez-vous créer ? Quelles sont les valeurs que vous souhaitez voir respectées ? Des choses comme la façon dont vous voulez passer vos journées, les voyages que vous ferez et ce que vous ferez pour les autres.

Posez-vous la question :

Comment pouvons-nous envisager une vie commune que nous aimons tous les deux ?

En tant que couple, qu'est-ce qui nous tient le plus à cœur ?

Quelle est notre vision de la croissance, en tant qu'individus et ensemble ?

Quels sont nos objectifs ? Fonder une famille ? Créer un héritage ? Ou simplement vivre la meilleure vie possible dans la joie. Qu'est-ce qui donne un sens à notre vie ?

Discutez de ces questions, écoutez les rêves des uns et des autres et laissez-vous inspirer. Cette vision vous guidera dans les objectifs que vous vous fixerez.

Des objectifs qui renforcent votre vision

Lorsque vous avez une idée claire, mettez en place des objectifs qui vous aideront à y parvenir. Il s'agit des mesures que vous prendrez pour concrétiser votre vision. Certains de ces objectifs seront importants, comme l'achat d'une maison ou la fondation d'une famille. D'autres seront plus modestes, comme une soirée hebdomadaire ou des vacances de rêve. L'objectif est d'aller de l'avant en tant que couple, donc de viser des résultats qui intègrent vos désirs et vos besoins à tous les deux.

Voici comment définir efficacement des objectifs communs :

Faites en sorte qu'ils soient clairs et mesurables

Des objectifs énoncés de manière vague produisent des résultats vagues. Au lieu de : Nous voulons économiser de l'argent, essayez plutôt : Nous voulons économiser 5 000 dollars au cours de l'année prochaine pour partir en vacances. De cette façon, vous saurez tous les deux ce que vous cherchez à faire et vous pourrez facilement voir où vous en êtes.

S'assurer qu'ils sont réalisables

S'il est important de se dépasser, il ne faut pas pour autant se fixer un objectif irréalisable. Tenez compte de l'âge que vous avez à ce stade de votre vie, du capital et du temps dont vous disposez. Ni trop faciles, ni trop difficiles, les objectifs qui se situent juste à la limite de l'atteignabilité sont les meilleurs.

S'aligner sur vos valeurs

Créez des objectifs qui s'alignent sur les valeurs de la vision que vous avez élaborée. Par ailleurs, si vous et votre partenaire accordez de l'importance au fait de rendre service à la communauté, il peut être plus productif de faire du bénévolat un objectif commun. Si la santé et le bien-être sont importants pour vous, envisagez de fixer des objectifs de remise en forme ou de bien-être que vous aurez plaisir à réaliser ensemble.

Fixer un calendrier

Les objectifs sont des rêves assortis d'une échéance. Les échéances permettent de s'assurer que l'on s'en tient à ce que l'on a planifié. Fixez-vous des objectifs à court (un an) et à long terme (cinq ou dix ans) pour vous aider à rester sur la bonne voie. Tous les deux mois ou au moins une fois par an, il est agréable (et stimulant) de revenir à ces objectifs et de les réorienter.

Équilibrer les objectifs individuels et partagés

Il est tout aussi important de soutenir les objectifs individuels de chacun que de travailler à la réalisation d'objectifs communs. Parlez ouvertement entre vous des objectifs personnels que vous poursuivez et trouvez des moyens de vous encourager mutuellement. Cela permet d'éviter le sentiment de concurrence et de créer au contraire un sentiment de partenariat et de fierté pour les réussites de chacun.

Gérer les différences d'objectifs

Il y aura des moments où vos objectifs individuels ne seront pas entièrement alignés. Ce n'est pas grave. L'astuce consiste donc à gérer ces différences avec empathie et un esprit libre prêt à faire des compromis. Discutez du pourquoi - comprendre la motivation peut faciliter la recherche d'un terrain d'entente et le soutien mutuel si vous pouvez exprimer clairement la vision qui sous-tend vos objectifs.

Exprimez votre passion pour un objectif et écoutez votre partenaire avec curiosité et considération. Faire des sacrifices l'un pour l'autre fait partie intégrante d'une relation. Toutefois, ces sacrifices doivent être équilibrés et mutuels.

Célébrer ensemble les étapes importantes

Honorez ensemble les petites victoires. Atteindre une destination peut être exaltant, mais c'est le fait de parcourir le chemin qui crée la connexion et l'intimité. Célébrez les étapes importantes ensemble - il peut s'agir d'un petit cadeau, d'une soirée ou simplement du fait que chacun d'entre vous prenne le temps de réfléchir à quelque chose qu'il a accompli ensemble. Les célébrations entretiennent la motivation et rendent l'ensemble du processus gratifiant. Faites un petit investissement dans le bonheur.

Réexaminer et ajuster les objectifs

Les choses et les situations changent dans la vie, alors soyez prêt à ajuster vos objectifs. Vous devrez vous adapter aux nouvelles opportunités et aux nouveaux défis qui se présenteront à vous. Continuez à visiter et à réviser vos objectifs. Certains peuvent ne plus être pertinents, d'autres peuvent être plus en phase avec votre vision qu'auparavant. Faites preuve d'espace et de souplesse, sachant que votre relation est une entité qui respire et qui évolue.

Aller de l'avant ensemble

L'une des choses les plus puissantes que vous puissiez faire en tant que couple est de fixer des objectifs communs. Il ne s'agit pas seulement d'atteindre un objectif. Le temps passé ensemble contribue à nourrir la relation et à la faire prospérer grâce au soutien, à l'encouragement et au respect mutuels.

Chapitre 10
Comment maintenir le progrès et grandir ensemble

Les relations sont dynamiques et nécessitent des efforts constants. Voici quelques idées pour vous aider à continuer à développer votre relation.

Travailler ensemble sur un tableau de bord de la relation

Transformez vos objectifs et vos rêves relationnels en un projet amusant. Découpez des images, des phrases et des mots dans des magazines inspirants ou faites-le directement sur votre ordinateur en créant un tableau de vision collaboratif. Les thèmes abordés peuvent être des lieux à visiter, des passe-temps communs ou des étapes importantes de la vie. Les objectifs peuvent changer, alors revenez-y de temps en temps pour suivre votre évolution et peut-être l'affiner.

Contrôles mensuels des relations

Réservez quelques minutes chaque mois pour parler de votre relation. Il peut s'agir d'un moment informel, sans pression, pour discuter de ce qui va bien, de ce qui pose problème et de la manière dont chacun de nous peut s'améliorer. Ces entretiens doivent être décontractés, car ils montrent aux deux partenaires qu'une communication ouverte peut et doit faire partie intégrante d'une relation saine.

Retraite trimestrielle pour couples

Tous les deux mois, prévoyez une "mini-retraite" à la maison ou un week-end de détente. Vous pouvez prendre ce temps pour expérimenter ensemble - faire quelque chose de méditatif, créer quelque chose de beau, faire du tourisme dans une nouvelle ville. Cette approche renforce l'idée que la croissance et l'exploration sont une entreprise collaborative.

Construire une capsule temporelle de la relation à ouvrir dans 5, 10 ou 15 ans

Rédigez des lettres, prenez des photos ou conservez des souvenirs qui incarnent votre relation actuelle et votre vision de l'avenir. Au bout d'un certain temps - un an, cinq ans ou plus -, ouvrez-le et réfléchissez à la façon dont vous avez évolué en tant que personnes et partenaires, mais observez aussi si vous vous êtes éloignés l'un de l'autre et comment vous vous sentez. C'est un bon moyen de rappeler aux deux partenaires que les relations, comme les personnes, évoluent avec le temps.

Se fixer mutuellement des "défis de croissance

Travaillez ensemble pour fixer un défi trimestriel de croissance personnelle qui profite indirectement à la relation. Exemple : devenir plus patient, mieux communiquer, mieux comprendre le point de vue des autres. Tenez-vous mutuellement responsables, mais célébrez les progrès accomplis en tant que couple. Cela vous aide tous les deux à devenir, non pas parfaits, mais simplement de meilleures versions de vous-mêmes.

Vous écrivez tous les deux un Journal de croissance des relations.

Rédigez un article de journal mensuel sur votre relation et conservez-le dans un journal commun. Notez vos meilleurs souvenirs, les difficultés que vous avez surmontées et ce que vous avez appris l'un sur l'autre. Ce journal vous permettra de vous souvenir de ce qui vous a rapprochés et de ce qui pourrait continuer à vous faire grandir.

Essayer un nouvel élément de la liste des choses à faire chaque mois

Dressez une petite liste de choses amusantes ou aventureuses que vous voulez tous les deux essayer. Essayez une chose différente chaque mois.

Cela peut aller d'un cours de cuisine à la pratique d'un nouveau sport. La nouveauté maintient l'intérêt pour la relation... elle rappelle à chacun d'entre vous ce qu'il ressentait au début de la relation et ajoute à la liste croissante des moments que chacun d'entre vous peut se remémorer avec joie.

Instaurer des rituels de remerciement et de réflexion

Réservez un peu de temps chaque jour ou chaque semaine pour envoyer un message de gratitude à l'autre. Dites à votre partenaire ce qu'il a fait de bien cette semaine-là. Surtout, le fait d'exprimer régulièrement votre gratitude vous rappelle que vous êtes tous les deux dans le même bateau et que c'est une bénédiction d'être en couple.

Augmenter l'intimité

Jeux de rôle et fantasy

Discutez de tous les fantasmes et explorez tous les scénarios que les deux partenaires aimeraient explorer pour pimenter un peu les choses. Un autre avantage de l'imagination est que vous et votre conjoint n'êtes plus les mêmes personnes ; c'est une brise d'air frais et excitante.

Modifier le réglage

Pour passer une soirée inoubliable, il est toujours agréable d'expérimenter différents contextes, comme une autre pièce ou de petites vacances romantiques. Un nouveau cadre peut donner l'impression que les choses sont nouvelles et spontanées, et le fait d'en profiter permet de se sentir plus présent et plus concentré.

Essayer un massage

La chanson **Turn off the Lights de** Teddy Pendergrass met en scène une séance d'huile chaude et constitue dans son intégralité un cours magistral sur l'art de faire l'amour de manière romantique.

Faites-lui un massage à l'aide d'huiles ou de lotions parfumées. Concentrez-vous sur l'établissement d'un lien par le biais d'une interaction physique apaisante et étroite. Elle peut créer un climat de confiance et de proximité et constituer un excellent prélude à une nuit plus intime.

Oui Journée de l'intimité

S'efforcer un jour de dire "oui" aux propositions de l'autre sans trop sortir de son niveau de confort. C'est une occasion fantastique de découvrir si vous avez une nouvelle préférence et de créer un merveilleux souvenir !

La danse

Suivez un cours de danse ensemble. Apprenez la salsa ou le tango. Ou amusez-vous simplement dans un club huppé. La danse permet aux couples de se rapprocher plus profondément. L'intimité physique de se serrer l'un contre l'autre, les mouvements synchronisés et l'expérience partagée de créer de la musique ensemble peuvent favoriser un sentiment d'unité et de compréhension. Cela peut aussi vous donner une raison de vous déguiser et de vous sentir comme un million de dollars !

Visionner un film romantique

Dégustez du pop-corn au lit en regardant des classiques romantiques qui inspirent la passion et la vie à deux. Casablanca, Titanic, The Notebook, Dear John, La La Land, When Harry met Sally, Serendipity, Meet Joe Black, Love and Basketball, Southside with You, Cendrillon de Disney (2015), pour n'en citer que quelques-uns.

Jouer une liste de musique romantique

Rien de tel que la musique pour vous mettre dans l'ambiance. La chanson "You and I" de John Legend est parfaite pour un soir de fête ou "Stay with you", qui parle d'un engagement sans fin dans une relation. Vous pouvez trouver des listes de lecture pour tout type de musique romantique que vous aimez sur YouTube. Vous pouvez également acheter un CD des plus grands succès de vos artistes préférés.

Ce ne sont là que quelques idées, mais pas les seules. Prenez le temps de voir quelles autres idées vous et votre partenaire pouvez trouver. Pour que votre relation reste passionnante et que vous progressiez ensemble.

Conclusion

Bravo ! Vous vous êtes engagé sur la voie de l'épanouissement et du renforcement de votre relation. Dans ce livre, nous vous avons présenté les aspects fondamentaux d'une bonne relation - la communication, l'intimité émotionnelle, le pardon, l'estime de soi et bien d'autres choses encore. En terminant ces chapitres, vous avez maintenant les outils nécessaires pour nourrir votre relation et votre bien-être personnel.

Rien de ce qui vaut la peine d'être acquis n'est facile... les relations demandent un travail constant. Et parfois de l'amusement et de l'excitation.

Ce livre est un point de départ, mais le véritable défi réside dans les décisions quotidiennes que vous et votre partenaire prenez pour créer votre avenir. Prendre la décision d'écouter, de pardonner, de choisir la joie d'être l'un avec l'autre, tel peut être votre chemin. Lorsque vous restez engagés l'un envers l'autre et que vous relevez les défis qui se présentent à vous en tant que couple.

Gardez à l'esprit qu'une relation est un voyage. Il n'y a pas de destination parfaite, pas d'étape finale après laquelle vous en avez terminé. Chaque étape de la vie offrira ses propres aventures, ses propres joies et ses propres défis, mais vous avez maintenant les outils pour les gérer avec grâce, respect et amour.

Fixez des rendez-vous de contrôle (mise au point de la relation) avec votre partenaire afin de voir où vous en êtes, et redéfinissez vos objectifs ensemble si nécessaire, afin de rétablir les priorités et de maintenir les lignes de communication ouvertes.

Ces petits moments de connexion peuvent faire une profonde différence au fil du temps. "La vie est un jeu d'enfant".

Je tiens à vous remercier d'avoir acheté ce livre. Que ces leçons soient une ressource à laquelle vous pourrez vous référer chaque fois que vous en aurez besoin, et que l'amour, la joie et le potentiel que vous et votre partenaire détenez ensemble ne soient jamais oubliés. Avec de la réceptivité, du respect et de l'aventure, vous êtes prêts à construire une relation saine qui durera lorsque vous continuerez tous deux à vous épanouir, à créer de la joie et à vous appuyer l'un sur l'autre.

Je vous souhaite beaucoup d'amour et de bonheur pour que le reste de votre vie soit le meilleur possible.

Ressources : Citations inspirantes pour l'estime de soi, la communication et s'amuser

Cette section est remplie de sagesse intemporelle qui vous inspirera pour cultiver l'estime de soi, approfondir la communication et redécouvrir la joie de s'amuser ensemble. Des philosophes anciens aux voix modernes, ces citations rappellent les principes qui permettent à une relation de rester saine et dynamique.

Sur l'estime de soi

"S'aimer soi-même est le début d'une histoire d'amour qui dure toute la vie. - Oscar Wilde

"Combien les conséquences de la colère sont plus graves que ses causes. - Marc Aurèle

"Vous, vous-même, autant que n'importe qui dans l'univers entier, méritez votre amour et votre affection. - Bouddha

"La relation la plus puissante que vous ayez jamais eue est celle que vous entretenez avec vous-même. - Steve Maraboli

"Ne perdez plus de temps à discuter de ce que devrait être une bonne personne. Soyez-en un." - Marcus Aurelius

"Prendre soin de soi n'est pas un luxe, c'est essentiel. - Audre Lorde

"Personne ne peut vous faire sentir inférieur sans votre consentement. - Eleanor Roosevelt

"Tant que vous ne vous valoriserez pas, vous ne valoriserez pas votre temps. Tant que vous n'accorderez pas de valeur à votre temps, vous n'en ferez rien." - M. Scott Peck

Sur la communication

"La plupart des gens n'écoutent pas avec l'intention de comprendre ; ils écoutent avec l'intention de répondre. - Stephen R. Covey

"Nous avons deux oreilles et une bouche pour écouter deux fois plus que nous ne parlons. - Épictète

"Le plus grand problème de la communication est l'illusion qu'elle a eu lieu. - George Bernard Shaw

"Les mots ne sont que des images de nos pensées. - John Dryden

"Ce n'est pas ce que vous dites qui importe, mais la manière dont vous le dites ; c'est là que réside le secret des âges. - William Carlos Williams

"Une bonne communication est aussi stimulante qu'un café noir, et il est tout aussi difficile de dormir après. - Anne Morrow Lindbergh

"Les sages parlent parce qu'ils ont quelque chose à dire, les fous parce qu'ils doivent dire quelque chose. - Platon

"Le silence est l'un des grands arts de la conversation. - Marcus Tullius Cicero

S'amuser et profiter de la vie ensemble

"La vie doit être vécue comme un jeu. - Platon

"Ne prenez pas la vie trop au sérieux. Vous n'en sortirez jamais vivant." - Elbert Hubbard

"Le jour le plus gâché est celui où l'on ne rit pas. - E. E. Cummings

"Si vous voulez être heureux pendant une heure, faites une sieste. Si tu veux être heureux pendant un jour, va à la pêche. Si tu veux être heureux pendant un an, hérite d'une fortune. Si vous voulez être heureux toute votre vie, aidez quelqu'un d'autre." - Proverbe chinois

"L'art de vivre est plus proche de la lutte que de la danse. - Marcus Aurelius

"Ce n'est pas l'âge qui compte, c'est la façon dont on vieillit. - Jules Renard

"C'est un talent heureux que de savoir jouer. - Ralph Waldo Emerson

"Dans tout travail qui doit être fait, il y a un élément d'amusement. Vous trouvez l'amusement et hop, le travail devient un jeu ! - Mary Poppins (P.L. Travers)

"Une journée sans rire est une journée perdue. - Charlie Chaplin

"Lisons, dansons, ces deux amusements ne feront jamais de mal au monde." - Voltaire

Ces citations offrent des perspectives intemporelles qui peuvent vous aider à garder les pieds sur terre, à parler avec le cœur et à ne pas oublier de rire ensemble en cours de route.

Ils nous rappellent qu'une relation épanouie est une relation qui valorise chaque personne, encourage un dialogue ouvert et honnête et trouve de la joie dans les moments les plus simples de la vie. Revenez à ces mots chaque fois que vous avez besoin d'un peu de sagesse, de réconfort ou d'inspiration dans votre voyage à deux.

Glossaire
Relations de couple

L'écoute active

Une façon d'écouter qui consiste à être pleinement présent avec votre partenaire. Vous ne vous contentez pas d'entendre des mots, vous comprenez et vous montrez que vous vous souciez de lui.

Gestes affectueux

Ce sont ces petites choses, comme se tenir la main, se prendre dans les bras ou s'embrasser sur la joue, qui font vivre l'amour au quotidien.

Affirmations

Mots positifs et encourageants que nous nous adressons l'un à l'autre ou à nous-mêmes, nous rappelant, ainsi qu'à notre partenaire, les choses que nous aimons et apprécions chez lui ou chez elle.

Rituels d'appréciation

Des gestes simples, quotidiens ou hebdomadaires, qui témoignent de la gratitude, comme dire "merci" ou reconnaître un geste attentionné de la part de votre partenaire.

Réparation des pièces jointes

Lorsque la confiance a été ébranlée, la réparation de l'attachement est la façon dont les couples s'y prennent pour rétablir ce sentiment de sécurité.

Style de fixation

La façon dont nous nous connectons naturellement avec les autres, basée sur nos premières relations. Il peut s'agir d'une relation sûre, anxieuse, évitante ou d'un mélange de styles.

Frontières

Les limites personnelles que nous nous fixons pour nous maintenir en bonne santé, ainsi que notre relation, c'est-à-dire savoir ce qui est acceptable et ce qui ne l'est pas.

La codépendance

Une dynamique dans laquelle une personne peut compter fortement sur l'autre pour un soutien émotionnel, parfois au détriment de ses propres besoins ou de son indépendance.

Résolution collaborative de problèmes

Aborder les problèmes en équipe ! Travailler ensemble pour trouver des solutions qui répondent aux besoins des deux partenaires.

Éviter les conflits

Lorsque l'un des partenaires ou les deux esquivent les désaccords pour maintenir la paix. Cela peut empêcher d'aborder pleinement les problèmes.

Résolution des conflits

Le processus consistant à gérer les désaccords de manière saine, en se concentrant sur la compréhension mutuelle au lieu d'essayer de "gagner".

Le mépris

Manquer de respect ou traiter votre partenaire comme s'il vous était inférieur. C'est un signal d'alarme majeur dans une relation !

Thérapie de couple

Séances guidées avec un thérapeute pour aider les couples à relever les défis, à améliorer la communication et à renforcer leur relation.

Critique

Souligner les défauts de caractère de votre partenaire plutôt que de s'attaquer à des comportements spécifiques. C'est généralement improductif et blessant.

Communication défensive

Une réaction où l'un des partenaires ressent le besoin de se protéger, souvent en accusant l'autre, ce qui peut faire monter la tension.

Désintoxication numérique

Prendre une pause des téléphones, tablettes et ordinateurs pour se reconnecter et se concentrer sur des moments de qualité ensemble.

Une communication efficace

Exprimer clairement ses pensées et ses sentiments, tout en écoutant le point de vue de son partenaire - c'est essentiel pour une compréhension mutuelle.

Intimité émotionnelle

Une proximité où les deux partenaires se sentent compris, acceptés et en sécurité pour partager leur véritable personnalité.

Régulation des émotions

La capacité à gérer nos émotions de manière à ce que les choses restent constructives, en particulier en cas de désaccord.

Empathie

Comprendre et ressentir ce que vit votre partenaire. C'est un ingrédient clé de la connexion émotionnelle.

Lutte équitable

Aborder les conflits avec respect, éviter les insultes ou les reproches et se concentrer sur la recherche de solutions.

Le pardon

L'abandon de la colère ou du ressentiment après une blessure. Cela ne signifie pas oublier, mais décider d'aller de l'avant.

Dates amusantes

Des sorties ou des activités spéciales qui redonnent un caractère ludique à votre relation et vous aident à renouer le contact.

L'intoxication au gaz

Une forme de manipulation où l'un des partenaires fait douter l'autre de ses propres pensées ou sentiments.

L'état d'esprit de croissance

Croire qu'avec des efforts, vous et votre relation pouvez devenir plus forts au fil du temps.

Reconstruction de l'intimité

Travailler à rétablir une proximité émotionnelle ou physique après une période de déconnexion.

Les langages de l'amour

Les cinq principales façons dont les gens expriment leur amour : les mots d'affirmation, les moments de qualité, les cadeaux, les actes de service et le toucher physique.

Micro-connexions

Des moments de connexion rapides tout au long de la journée, comme un texte gentil ou un sourire, pour montrer que vous pensez l'un à l'autre.

La pleine conscience

Rester présent et conscient de ce qui se passe dans l'instant, ce qui peut aider les couples à mieux comprendre les émotions de l'autre.

Méditation de pleine conscience

Une pratique pour calmer l'esprit et devenir plus à l'écoute de soi, aidant à l'autorégulation et à la communication.

Écoute du miroir

Répéter ce que dit votre partenaire, non seulement pour montrer que vous comprenez, mais aussi pour l'aider à se sentir entendu.

Communication non verbale

La partie non exprimée de la communication - langage corporel, expressions faciales, ton de la voix. Il en dit souvent plus que les mots !

Finances personnelles

Gérer l'argent de manière à soutenir les objectifs et les valeurs des deux partenaires, en réduisant le stress financier dans la relation.

L'espièglerie

Ajouter de la légèreté, plaisanter et ne pas prendre les choses trop au sérieux. Cela permet de garder les choses fraîches et excitantes !

Projection

Attribuer ses propres sentiments ou problèmes à son partenaire, ce qui peut créer des malentendus si l'on n'y prend pas garde.

Lettre de réflexion

Écrire ses pensées et ses sentiments dans une lettre pour y voir plus clair avant d'aborder des sujets délicats avec son partenaire.

Écoute réflexive

Répéter ce que votre partenaire a dit pour confirmer sa compréhension, renforcer la confiance et la clarté des conversations.

Rituels de reconnexion

Des habitudes régulières, telles qu'un rendez-vous hebdomadaire, permettent de maintenir une relation étroite, même en période de forte activité.

Tentatives de réparation

Petits efforts pour se réconcilier ou apaiser les tensions, comme une blague, un sourire ou des excuses, lorsqu'un conflit a dérapé.

Le ressentiment

Des sentiments négatifs persistants liés à des problèmes passés qui n'ont pas été résolus. Ils peuvent s'accumuler et nuire à la relation.

Désaccord respectueux

Lorsque les partenaires expriment des opinions divergentes tout en respectant le point de vue de l'autre.

Gestes romantiques

Les actes réfléchis comme l'organisation d'une surprise ou l'écriture d'un mot d'amour ravivent la passion et montrent que vous vous souciez des autres.

Mot de la fin

Un mot ou une phrase que l'un ou l'autre des partenaires peut utiliser pour interrompre une conversation ou faire une pause pendant un moment d'agitation.

Conscience de soi

Comprendre ses propres émotions, schémas et déclencheurs, ce qui permet de s'engager plus efficacement avec son partenaire.

Amour de soi

Prendre le temps de s'occuper de soi et de s'apprécier. Lorsque vous vous sentez bien dans votre peau, il est plus facile d'être un meilleur partenaire.

Fixer des limites

Connaître et communiquer ses limites personnelles pour se protéger et maintenir une relation saine.

Objectifs communs

Les rêves ou les objectifs que vous poursuivez ensemble, en renforçant le travail d'équipe et l'objectif commun.

Technique de l'orateur et de l'auditeur

Une méthode permettant de parler et d'écouter à tour de rôle, afin que les deux partenaires se sentent vraiment écoutés.

Spontanéité

Ajouter des moments imprévus ou des aventures pour que la relation reste amusante et inattendue.

L'obstructionnisme

Lorsqu'un des partenaires se ferme ou se retire pendant un conflit, c'est souvent le signe qu'il se sent dépassé. C'est souvent le signe qu'il se sent dépassé.

Gestion du stress

Trouver des moyens de gérer le stress afin qu'il ne se répercute pas sur la relation.

Travail d'équipe

Se soutenir mutuellement dans les défis et prendre des décisions ensemble. Il s'agit de se soutenir mutuellement.

Déclencheurs

Les situations ou les mots qui provoquent une forte réaction émotionnelle, souvent liée à des expériences passées.

Confiance

Croire en la fiabilité et l'honnêteté de l'autre - c'est la base de toute relation saine.

Besoins non satisfaits

Lorsque des besoins importants de la relation ne sont pas satisfaits, ce qui peut entraîner des frustrations ou des conflits.

Validation

Reconnaître et accepter les sentiments ou les expériences de votre partenaire comme étant réels et significatifs, même si vous n'êtes pas entièrement d'accord.

Une vision commune

Créer un rêve commun pour votre avenir, des grands objectifs aux petits projets quotidiens, afin que vous restiez sur la même longueur d'onde.

Vulnérabilité

Être ouvert et honnête, même à propos de ses peurs ou de ses insécurités, pour établir une connexion émotionnelle plus profonde.

Retrait

Le fait de s'éloigner, émotionnellement ou physiquement, lors d'un conflit. Cela indique souvent que l'on se sent dépassé ou déconnecté.

Cette annexe est conçue pour faciliter la compréhension des concepts clés en matière de relations et leur application dans votre propre parcours relationnel.

Enfin, si vous avez aimé ce livre, prenez le temps de partager vos impressions et de poster une critique sur Amazon. Nous vous en sommes reconnaissants !

Merci beaucoup,

Brian Mahoney

Nous tenons à vous remercier d'avoir acheté ce livre et, plus important encore, de l'avoir lu jusqu'au bout. Nous espérons que votre expérience de lecture a été agréable et que vous en informerez votre famille et vos amis sur (Meta) Facebook, (X) Twitter ou d'autres médias sociaux.

Nous aimerions continuer à vous fournir des livres de grande qualité et, à cette fin, pourriez-vous nous laisser un commentaire sur Amazon.com ?

Il suffit d'utiliser le lien ci-dessous, de faire défiler les 3/4 de la page et vous verrez des images similaires à celle ci-dessous.

Nous vous sommes extrêmement reconnaissants de votre aide.

Chaleureuses salutations,

Brian Mahoney
MahoneyProducts Publishing

Lien vers le livre :
https://www.amazon.com/dp/B0DMDD4W6L

Avis des clients

4,6 sur 5 étoiles 4,6 sur 5
6 notations mondiales

5 étoiles 64%
4 étoiles 36%-
3 étoiles 0% (0%) 0%
2 étoiles 0% (0%) 0%
1 étoile 0% (0%)

Examiner ce produit
Partagez vos réflexions avec d'autres clients
(Ecrire un commentaire client)

Vous pourriez aussi apprécier :

https://www.amazon.com/dp/
B09419FG8H

www.ingramcontent.com/pod-product-compliance
Lightning Source LLC
LaVergne TN
LVHW012026060526
838201LV00061B/4483